London Reiseführer

Der perfekte Reiseführer für einen unvergesslichen Aufenthalt in London

Inkl. Insider-Tipps und Tipps zum Geldsparen

Charline Klee

✈ INHALT

Das erwartet Sie in diesem Buch

In diesem Buch lernen Sie eine ganz neue Seite von London kennen. Hier erfahren Sie alles, was Sie über London wissen müssen und wie Sie dort einen angenehmen Aufenthalt erleben werden. London ist eine Stadt mit unendlich vielen Möglichkeiten. Egal, ob Museen, Einkaufszentren oder Restaurants – hier finden Sie alles, was Ihr Herz begehrt.

Doch auch zusammen mit der Familie oder Ihren Freunden ist die Stadt ein perfektes Reiseziel. Die größten Events der Welt finden dort statt, die besten Galerien und die einzigartige Londoner Skyline ziehen die

Leute nur so dorthin. Erleben auch Sie unvergessliche Erfahrungen und lernen Sie die englischen Bräuche, Klischees und Kulturen kennen. In London treffen Sie sicherlich auf viele nette, sympathische Menschen und können vielleicht sogar neue Kontakte knüpfen.

Außerdem hat die Stadt unglaublich viele bekannte Sehenswürdigkeiten, wie den Big Ben oder die Tower Bridge, deren Besichtigung sich auf jeden Fall lohnt. Lassen Sie sich diese Chance nicht entgehen und besuchen Sie diese einzigartige Stadt. Falls Sie sich schon dazu entschieden haben, sind Sie hier genau richtig.

Dieses Buch erzählt Ihnen die Geschichte der Stadt und liefert Ihnen die wichtigsten Tipps und Tricks für eine unvergessliche Reise. Hier bekommen Sie Insiderwissen über gute Hotels und Restaurants und Sie erfahren auch, wie man in London Geld sparen kann und welche Sehenswürdigkeiten es sich lohnt zu besuchen.

Viel Spaß beim Lesen.

Was macht die Stadt so besonders?

London ist eine sehr vielseitige Stadt mit vielen Möglichkeiten und einer langen Geschichte. Doch was macht sie so besonders? Zum einen ahnen Sie wahrscheinlich selbst, welcher Faktor für den vielen Tourismus in London verantwortlich ist.

Genau. Die Royals. Durch sie besuchen jedes Jahr Millionen von Touristen die Stadt. Sie wollen natürlich die auf der ganzen Welt bekannte Queen Elisabeth sehen. Doch auch Prinz William und Herzogin Kate sowie Prinz Harry und seine Meghan sorgen für viel Interesse und sind eine wahre Besonderheit.

Die Queen repräsentiert Großbritannien, eröffnet bestimmte Zeremonien und empfängt ausländische Gäste in ihrem Zuhause, dem Buckingham Palace. Dabei kann man immer eine gewaltige „Show" mit Militärorchestern, Pferden und weiterem erleben. Das wollen sich natürlich viele Menschen nicht entgehen lassen und das nicht nur im Fernsehen, sondern auch in echt mal ansehen.

Doch viele interessiert vor allem auch die königliche Geschichte dahinter. Die Schlösser und Paläste von früher geben auch den geschichtlich aufgeschlossenen Menschen einen Grund, London zu besuchen.

Dazu kommen noch die ganzen Souvenirshops, die unzählige kleine „royale" Geschenke anbieten. So kann man den weltberühmten Buckingham Palace als kleine Miniaturausgabe mit nach Hause nehmen und sich immer an diese einzigartige Erfahrung erinnern. Doch das ist natürlich nicht der einzige Grund für die hohen Tourismuszahlen in der Stadt.

Ein weiterer großer Vorteil, den London im Vergleich zu anderen Städten hat, ist die Dichte der Sehenswürdigkeiten. In fast keiner Stadt liegen so weltbekannte Sehenswürdigkeiten so nah aneinander wie hier. Man kann als Tourist vom Big Ben aus zu Fuß bis zum Buckingham Palace gehen und von da aus wieder zurück zum London Eye. So braucht man kein Auto oder lange Karten zu lesen, um den richtigen Weg zu finden, sondern hat alles in Sichtweite. Schnell und einfach.

Noch dazu kann man auf dem Weg zur nächsten Sehenswürdigkeit die einzigartig gebauten Häuser dort bestaunen. Das lockt viele Touristen an, da dabei vor allem kleine Gassen und Wege nicht unentdeckt bleiben. (Positiver Nebeneffekt: Auf dem Spaziergang zur nächsten Sehenswürdigkeit können Sie auch gern bei einem kleinen Café, Antiquitätenshop oder Markt anhalten.)

Und falls mal eine Sehenswürdigkeit doch etwas weiter weg sein sollte, ist London perfekt darauf vorbereitet: Die Doppeldeckerbusse (auch Routemaster genannt) und die interessanten schwarzen (oder auch gelben) Taxen bringen Sie schnell und günstig zu Ihrem Wunschort und schenken Ihnen ein kleines Erlebnis mit dazu. (Diese Fahrzeuge können Sie nur in London finden, was sie genau genommen auch zu einer Sehenswürdigkeit macht.) Zum Thema Tourismusattraktionen ist noch zu sagen, dass London eine der Städte mit den am meisten auf der Welt bekannten

Sehenswürdigkeiten ist: Fast nirgendwo auf der Welt gibt es so eine Ansammlung an bekannten Gebäuden, Museen, Brücken usw. als in London. Bauten wie der *Big Ben*, die *Tower Bridge*, *Westminster Abbey* oder der *Hyde Park* sprechen für sich.

Doch die Stadt präsentiert nicht nur die bekanntesten Sehenswürdigkeiten. London ist noch dazu ein wahrer Eventprofi.

Jeden Monat finden dort die größten Veranstaltungen der Welt statt. Im Januar können Sie zum Beispiel die *London Parade* bestaunen, die immer am Neujahrstag in Green Park stattfindet. Im März gibt es ein *Oxford und Cambridge Boot Race*, bei dem sich die beiden Universitäten ein spannendes Bootrennen auf der Themse liefern. Im April können Sie den *London Marathon* bestaunen. Das ist eine der größten Laufveranstaltungen weltweit. Der Marathon fasst über 10.000 Läufer und ist ein wirklich großes und einzigartiges Event. Hier finden Sie auf jeden Fall etwas Interessantes für sich.

London hat aber auch, was Museen angeht, viel zu bieten. Vom Natural History Museum, in dem Sie sich mit Ihrer Familie alte Dinosaurierskelette ansehen können, bis zur National Gallery, in der Sie berühmte Gemälde wie „Die Sonnenblumen" von van Gogh bestaunen können. London hat für jeden Geschmack etwas parat. Noch dazu sind die meisten sehr günstig oder sogar kostenlos und sind deshalb einfach perfekt für einen Ausflug. Dort werden Sie auf jeden Fall einzigartige Dinge sehen und erleben können. (Noch dazu lernen Sie nebenbei auch noch die Kultur und Geschichte kennen.)

Zusammengefasst ist London ein perfekter Tourismusort, da er unzählige und vor allem weltberühmte Sehenswürdigkeiten zu bieten hat. Doch auch die kleinen Gassen und Straßen, die Doppeldeckerbusse und schwarzen Taxen sind definitiv einen Ausflug wert. Hinzuzufügen ist auf jeden Fall ein Besuch des Buckingham Palace und der Royal Family.

Das sind einzigartige Gelegenheiten, die Sie sich auf keinen Fall entgehen lassen sollten. Auch für historisch interessierte Menschen bietet die Stadt unterschiedliche und vielfältige Museen zu einem günstigen Preis. Für Besucher, die gern an Veranstaltungen teilnehmen oder diese ansehen wollen, sind die monatlichen Events einfach perfekt. Ein Ausflug nach London deckt also alle Interessen ab.

Die Geschichte der Stadt

Londons Geschichte reicht bis ins Jahr 43 n. Chr. zurück. Bis heute hat sich London immer wieder in unglaublich großen Sprüngen verändert und konnte ein Wachstum wie die wenigsten Städte genießen. Sie zählt heute zu den bekanntesten und größten Städten der Welt. Doch auch diese Stadt hat eine lange Geschichte hinter sich, von der Sie nun mehr erfahren werden.

Die Geschichte beginnt mit dem römischen Kaiser Claudius, der die von den Kelten errichtete Festung „Londinium" eroberte und daraus eine Siedlung bauen ließ. Diese wurde 43 n. Chr. gegründet. Da die Position der Siedlung strategisch sehr vorteilhaft war, wurde das südliche Ufer mit dem nördlichen verbunden.

60 n. Chr. wurde die Siedlung jedoch nach einem Aufstand von keltischen Stämmen niedergebrannt, doch die Römer bauten sie wieder auf und lebten bis zum Jahre 410 n. Chr. dort, bis sie gezwungen waren, das Land den Angeln und Sachsen abgeben zu müssen.

Die Angelsachsen besetzen dann das Land und nannten es „Lundenburgh". Sie verteidigten es oftmals gegen Feinde und kämpften auch gegen die Dänen, die versuchten, die Stadt einzunehmen. Der angelsächsische König Aethelred und sein norwegischer Verbündeter brannten sogar die London Bridge ab, um dem dänischen König Sven Gabelbart den Weg in die Stadt unmöglich zu machen.

Nach dem erfolgreichen Sieg der Angelsachsen über die Dänen machte der König Lundenburgh zur Hauptstadt, was bis heute so geblieben ist. (Es gab zwar noch einige Städte, die als Hauptstadt gesehen wurden, zum Beispiel Winchester, offiziell jedoch war immer London die Hauptstadt.)

Doch im Jahre 1066 eroberten die Normannen das Land und machten London nun endgültig zur Hauptstadt Englands. Der normannische König William the

Conqueror ließ dann in der Stadt einige Festungen errichten. Eine der Festungen ist der Tower of London, den man heute noch in der Stadt bestaunen kann. Die London Bridge wurde wiederaufgebaut und die Stadt genoss während des Mittelalters einen enormen Aufschwung. Die Einwohnerzahl vervierfachte sich in dieser Zeit.

Doch erst im 17. Jahrhundert fanden wieder neue Veränderungen in London statt. Zum einen wütete die Pest zu dieser Zeit, dabei starb der Großteil der Bevölkerung, zum anderen gab es 1666 einen großen Brand in der Stadt, bei dem vier Fünftel der Stadt zerstört wurden.

Ab dem 18. Jahrhundert fing die Stadt aber wieder anzuwachsen. Gebäude wurden aufgebaut, die Bevölkerung und auch die Wirtschaft wuchsen in großen Sprüngen.

Im 19. Jahrhundert herrschte dann eine wahre Explosion des Wirtschaftswachstums und London wurde zur reichsten und größten Stadt der Welt. Noch dazu wurde dann eine Sensation gebaut: die britische Eisenbahn. Durch sie vergrößerte sich die Stadt noch weiter, da jetzt andere kleine Dörfer und Orte mit London verbinden konnten. Spätestens zu dem Zeitpunkt wollten tausende Menschen dorthin reisen, da es dort viel

Arbeit und somit auch viel Geld geben sollte. Durch das Wirtschaftswachstum und die Eisenbahn vergrößerte sich die Bevölkerung um ein Vielfaches und machte London so für lange Zeit zur größten Stadt der Welt und brachte ihr sehr viel Bekanntheit ein.

Aus diesem Grund sieht London heute so aus, wie Sie die Stadt wahrscheinlich kennen: klassisch, antik und vielfältig. London hat aber nicht nur „die eine Londoner Innenstadt", sondern setzt sich aus vielen verschiedenen Dörfern zusammen, was ihr somit auch die unglaubliche Vielfältigkeit liefert. Man sieht dort zahlreiche kleine Gassen und Orte, die nicht immer zu der Stadt gehörten. Doch auch ihr Alter spielt hier eine große Rolle: Fast keine Stadt ist so alt wie sie und hat so viele Veränderungen durchleben müssen. Genau das gibt ihr ihre Klassik und Antike. Alte Gebäude, die immer noch bestehen, oder seit Langem bewahrte Traditionen sind in London keine Seltenheit.

Aufstände und Revolten in London

In der langen Geschichte musst jedoch auch London mit vielen Problemen zurechtkommen. Es gab viele Revolten, Aufstände und Epidemien, die viele Menschen das Leben kosteten und in die Geschichte eingingen.

Zum einen prägten die insgesamt 16 grausamen Pestepidemien von 1348 bis 1666 die Geschichte Londons und forderten hunderttausende Todesopfer. Im Jahr 1381 kam es dann zur „Peasant's Revolt". Das war der größte Bauernaufstand in der Geschichte Englands. Es wird vermutet, dass die Ursache des Aufstands eine Wirtschaftskrise war, die aufgrund der Pest ausgelöst wurde. In den Jahren von 1448 bis 1455 wurde London zum Schauplatz des Kampfes zwischen den englischen Adelshäusern York und Lancaster. Beide Häuser hatten Anspruch auf die Königskrone, konnten sich jedoch auf keine klare Machtverteilung einigen. So kam es zum Krieg, der tausende Opfer brachte. Im 17. Jahrhundert wütete der große Brand über London und zerstörte nahezu die ganze Stadt.

Doch genau diese Tragödien machten London zu der Stadt, die sie jetzt ist: groß, vielfältig und vor allem voller Leben. Die Wirtschaft hat sich verbessert, die Bevölkerung vergrößert. Die Stadt hat sich prächtig entwickelt. Doch es gibt noch viel mehr, was London verbracht hat.

Londons Traditionen

Zu den Traditionen gehört zum Beispiel auch das Königshaus, welches heute noch tausende Touristen in die Stadt zieht. Doch auch Zeremonien werden oft nach alten Regeln befolgt. Die Wachablösung der höfischen Guards am Buckingham Palace ist hier wohl die bekannteste. Doch auch viele kulturelle Bräuche konnten sich bis heute noch halten. Dazu zählt zum Beispiel der elegante „Afternoon Tea" oder die leckeren „Bagels" am Morgen.

Diese „Tea Time" hat vor allem auch einen guten Zweck, der auch mitunter verantwortlich für die Beliebtheit dieser Tradition ist: Sie schenkt den Leuten eine kurze, ruhevolle Pause inmitten des Alltagsstresses, denn die Stadt ist natürlich auch für Hektik, Lärm und Stress bekannt. Eine Großstadt eben.

Londons Entwicklung

L ondon hat bis heute sehr viele und vor allem große Fortschritte in vielen Punkten machen können, darunter auch welche, die Veränderungen für die ganze Welt bedeuteten. Von einer kleinen Siedlung zu einer der bekanntesten und wichtigsten Städte der Welt konnte sich London bisher entwickeln. Doch welche Fortschritte und Veränderungen genau hat die Stadt bis jetzt durchgemacht? Das erfahren Sie in diesem Kapitel.

Zuallererst ist zu erwähnen, dass so gut wie jeder die Stadt kennt, was viel über sie aussagt, denn nur wenige Städte haben einen so hohen Bekanntheitsgrad wie London. Das liegt vor allem daran, dass sie natürlich die Hauptstadt Englands ist. (Was auch eine große Entwicklung ist, wenn man bedenkt, dass sie vorher eine kleine Siedlung war.) Doch in fast keiner Stadt gibt es so viel Leben, so viel Kultur, so viele Sehenswürdigkeiten und so viel Tradition wie hier. Das kann man wahrscheinlich als größte Entwicklung bezeichnen. Trotz der zahlreichen Epidemien und Kriege hat London es jedes Mal geschafft, sich und seine Sehenswürdigkeiten erneut aufzubauen, zu verbessern und zu vergrößern.

Besonders in den letzten 100 Jahren hat sich die Bevölkerung Londons schneller als je zuvor vermehrt. Zurzeit leben dort ungefähr 9 Millionen Menschen in insgesamt 33 Stadtbezirken. Noch dazu hat die Stadt es geschafft, Kultur, Tradition, Sehenswürdigkeiten und das moderne Leben in einer einzigen Stadt zu vereinen, was natürlich auch den Vorteil hat, dass dies den Tourismus anregt. Auch hier hat London einen unglaublich großen Sprung gemacht. Fast nirgendwo auf der Welt ist die Tourismusrate so hoch wie hier.

Aber auch politisch und wirtschaftlich gab es enorme Fortschritte: Die Stadt ist eines der wichtigsten Finanz- und Wirtschaftszentren der Welt. Die größten

Banken, Versicherungen und Marken haben hier ihre Unternehmenssitze. Es ist der Standort der größten Aktienbörsen und ein wichtiges politisches Zentrum. Das alles macht sie zu einer der großen Global Cities, also einer wahren Weltmetropole.

Außerdem sehr beachtlich ist hier die flächenmäßig sehr große Ausdehnung der britischen Hauptstadt, was vor allem der revolutionären Entstehung der Eisenbahn zu verdanken ist. Durch sie konnte sich London erst richtig ausweiten, da London selbst (ohne die ganzen Dörfer und Orte), eine verhältnismäßig kleine Fläche zu bieten hat). So gab es dann auch genug Fläche für die 9 Millionen Einwohner der Stadt.

Insgesamt hat London vor allem flächenmäßig und bevölkerungstechnisch sehr große Sprünge gemacht und zählt kulturell sowie politisch zu den wichtigsten Standorten. Die Stadt gewinnt immer mehr an Macht und ist zudem für die Aktienbörsen ein sehr wichtiger Sitz. Industriell sowie traditionell ist die Stadt hier definitiv ein Spitzenreiter unter den Metropolen der Welt.

Bekannte Persönlichkeiten

In London gibt es natürlich auch unglaublich viele bekannte Schauspieler, Sänger, Künstler und viele mehr. Bestimmt kommen Ihnen jetzt direkt die Queen oder Elton John in den Kopf, doch nicht nur sie sind in der Großstadt aufgewachsen.

Auch Adele (5.Mai 1988) wurde dort geboren und lebte, bis sie neun Jahre alt war, in der Stadt. Danach zog sie mit ihrer Mutter für zwei Jahre nach Brighton, kam danach aber wieder nach London zurück.

Auch David Beckham (2. Mai 1975) konnte seine Jugend dort genießen. Der Fußballer wuchs im

Londoner Stadtteil Chingford auf. Mittlerweile lebt er mit seiner Frau und seinen Kindern in einer Luxusvilla in Hertfordshire, doch diese soll bereits verkauft worden sein. Die Familie hat nämlich vor wieder nach London zu ziehen.

David Bowie (8. Januar 1947) wurde ebenfalls in London geboren, genauer im Stadtteil Brixton, und wuchs dort in einfachen Verhältnissen auf. Als er drei Jahre alt war, zog seine Familie mit ihm nach Bromley (ebenfalls in London). Später ging er dann nach New York, ließ sich aber schließlich in Berlin-Schöneberg nieder. Er verstarb am 10. Januar 2016 in New York City.

Natürlich darf auch Alfred Hitchcock (13. August 1899) nicht fehlen. Der bekannte Filmregisseur und Produzent wurde in Leytonstone geboren und blieb auch in London, bis er 1939 in die USA übersiedelte, da ihm dort mehr Möglichkeiten zur Filmproduktion geboten wurden. Schließlich verstarb er dann 1980 in Los Angeles.

Daniel Radcliffe (23. Juli 1989) wurde in Fulham (West-London) geboren. Er lebt sogar noch bis heute dort. Amy Winehouse (14. September 1983) ist hier die letzte in der Liste. Die Sängerin wuchs in Southgate auf und zog später nach Camden (welches auch in London liegt), wo sie dann am 23. Juli 2011 verstorben ist. Viele bekannte Persönlichkeiten berichten, dass sie London absolut lieben und die Stadt einfach einzigartig und sehr herzlich sein soll. Doch wie sind eigentlich die Menschen in London und welche Sitten und Klischees haben sie? Über die Mentalität der Engländer können Sie im nächsten Kapitel nachlesen.

Londons Bürger

Die Bürger Londons sind sehr unterschiedlich. Verschiedene Menschen kommen hier zusammen und bei 9 Millionen Einwohnern ist das schließlich auch verständlich. Doch trotzdem fallen auch in der Stadt besondere Sitten und Bräuche auf und typische Klischees wie das gewöhnliche Teetrinken, Fish and Chips und das immer herrschende Regenwetter werden auch nicht ausgelassen. Erfahren Sie hier mehr über den englischen Lifestyle und dessen Traditionen.

KLISCHEES

Zuallererst kennen Sie alle wahrscheinlich das Klischee des vornehmen Briten mit seiner feinen englischen Art. Der Tee mit dem Gebäck und die tadellosen Tischmanieren mit den intellektuellen Konversationen dürfen natürlich nicht fehlen. Die perfekt sitzende, zueinander passende Kleidung und die selbstwusste, etwas arrogante Haltung sind der typische „Dandy Stil", der einem sofort in den Kopf kommt, wenn man an England denkt. Sie brauchen mehrere Stunden zum Anziehen und unterhalten sich über Kunst und Kultur.

Doch auch der Landhausstil ist weltweit bekannt: Zum Sonntagsausritt trägt die Frau spezielle Stiefel und eine Barbour-Jacke, die perfekt sitzt, sie sitzt sehr eng und muss auf jeden Fall sattelfest sein. Der Mann ist ein wahrer Gentleman, trägt eine Faltenhose und ein passendes Jackett mit kariertem Muster.

Doch das sind natürlich alles Stile, die vor hunderten von Jahren gelebt wurden. Mittlerweile halten sich die wenigsten an diese Klischees. Die meisten sind normale, freundliche Bürger, von Arroganz ist nichts zu spüren. Im Gegenteil, die Engländer sind sogar sehr höflich und außerdem auch noch politisch korrekt. Noch dazu sind Touristen in großen Massen gern bei ihnen gesehen und werden durchaus freundlich empfangen. Dabei versuchen sie, niemanden zu verletzen oder in irgendeiner Art und Weise zu beleidigen.

Weil das Land so groß ist, schweift aber auch die Mentalität hier etwas ab. Es wird in Norden und Süden geteilt, (wobei London im Südosten liegt). Den Londonern wird hier oft vorgeworfen, zu beschäftigt und viel zu oft unterwegs zu sein, um neue Kontakte knüpfen zu können. Der Norden hingegen ist hierbei das Gegenteil. Diese Leute gelten als sehr entspannt und immer offen für neuen Kontakt und das Treffen neuer Menschen.

KONVERSATIONEN

Wenn Sie mit einem Engländer reden, wird es Ihnen vielleicht so vorkommen, dass er etwas abweisend oder gefühllos reagiert. Dies liegt aber lediglich daran, dass er nicht zu tief in Ihre Privatsphäre eindringen will und Sie nicht bedrängen oder gar verletzen will. Die Engländer vermeiden meistens persönliche Fragen wie das Alter, den Beruf oder Ähnliches. Sie können aber ein Gespräch über das Wetter beginnen. Das kommt meistens sehr gut an, ist sachlich und gibt Ihnen den ersten Einstieg in die Konversation.

DAS WETTER

Über das Wetter gibt es natürlich auch genügend Klischees: Der Regen, der Wind und das dauernd anhaltende schlechte Wetter soll dort sein Unwesen treiben.

Doch das sieht in der Realität aber etwas anders aus. Die Temperatur ist meistens mittig dort, es ist also nicht wirklich heiß, aber auch nicht kalt. Die Regenzeiten liegen im Frühling und im Herbst, sind aber nicht länger als in anderen Ländern. Was aber wirklich wahr ist, ist, dass das Wetter sehr schnell wechselt. Mal kann es schneien und mal kann auch die Sonne scheinen. Hierbei sollten Sie immer vorbereitet sein. Ein Regenschirm schadet nie.

HUMOR

Eines der wenigen Klischees, welches wirklich wahr ist, ist der gut ausgeprägte Humor der Engländer. Sie überraschen immer wieder mit selbstironischen oder sarkastischen Witzen und sorgen dabei immer für gute Laune. Das wissen sie natürlich und nutzen dies für etliche Comedy-Shows oder sonstiges. Aus diesem Grund ist auch die Stand-up-Comedy in England sehr berühmt. Hier finden Sie auf jeden Fall passendes

Entertainment für Ihren Humor.

TRANSPORTMITTEL

Doch nicht nur bei den Themen Konversation und Wetter gibt es viele Klischees über England, dasselbe gilt auch für Transportmittel. Die roten Doppeldecker- busse und die gelben Taxen fallen einem als Erstes ein, wenn man an England denkt (besonders an London). Die Metro ist ebenfalls ein großer Punkt. Doch stimmt das alles überhaupt? Besteht London nur aus Bussen, Metros und Taxen?

Teilweise. Die roten Doppeldeckerbusse wurden leider im Jahr 2005 schon abgeschafft, weil sie zu unsi- cher für die Nutzer und nicht behindertengerecht wa- ren. Die Busse hatten keine Hintertüren und einen ge- fährlichen Einstieg und wurden deshalb als zu gefähr- lich für den rasenden Verkehr Londons eingestuft. Je- doch sollen die Busse in den nächsten Jahren, in ver- besserter Form, wieder auf die Straßen kommen. Die Metro jedoch ist das Hauptverkehrsmittel in London, da man mit ihr in kürzester Zeit an die verschiedenen Orte der Stadt kommen kann. Noch dazu ist sie sehr günstig und passend für den Alltag, da man sich nicht in den stundenlangen Staus der Stadt aufhalten muss.

Aber auch Taxen werden oft benutzt. Sie sind zwar etwas teurer, man kann sie aber bequem an der Straße anhalten, um schnell zum nächsten Ort zu kommen. Mittlerweile gibt es dort so viele Taxen, dass sie äußerst auffällig im Verkehr geworden sind. Außerdem sind sie eine wahre Besonderheit, da in London überwiegend schwarze Taxen fahren und das einen außergewöhnlichen Blick auf den Verkehr liefert. Daher kommen also die englischen Klischees.

NAHRUNGSMITTEL

Das wohl bekannteste Klischee, was das Essen angeht, sind die typisch englischen Fish and Chips, was tatsächlich wahr ist. Die Engländer lieben Fish and Chips und es ist definitiv eine der am weitesten verbreiteten Speisen Englands. Aber natürlich hat das Land auch sehr, sehr viele andere Variationen an Essen, da sich hier verschiedene Kulturen treffen und zusammen vereint werden. Somit hat England auch traditionelle Speisen wie den bekannten warmen Braten, aber natürlich auch exotische Gerichte indischen oder afrikanischen Ursprungs. Die Bagels und das Sandwich zum Frühstück sind unter anderem auch sehr beliebte Speisen. Zum Alkoholkonsum kann man sagen, dass die

Menschen dort gern Ale und Cider trinken. Im Sommer trinken sie dann gern Likör, welcher mit Früchten ergänzt wird. Wie Sie vielleicht bemerkt haben, sieht man hier nicht viel gute Küche. Die Engländer sind nämlich nicht auf feinste Gerichte und teure Restaurants spezialisiert. Aber dazu ist auch zu sagen, dass dies natürlich auf die Gegend ankommt und Sie in London selbstverständlich auch gute Restaurants finden werden.

Alles in allem sind die Menschen in England sehr freundlich, hilfsbereit und vor allem höflich. Sie lieben den Humor, trinken gern und viel Tee und reden gern über das Wetter. Es lohnt sich auf jeden Fall für Sie, dieses wunderbare Land zu besuchen, um diese Kultur selbst genießen zu können.

Wie ist das Leben in London?

Wie Sie inzwischen schon wissen, ist London eine sehr vielfältige Stadt mit unglaublich vielen und vor allem verschiedenen Kulturen. Die Menschen sind höflich, die Häuser sehr schön und die Stadt bietet unglaubliche Sehenswürdigkeiten. Es ist auf jeden Fall ein MUSS, diese Stadt zu besuchen. Aber wie wäre eigentlich ein Leben in der Hauptstadt Englands?

Zuallererst müssten Sie sich wahrscheinlich an den rasenden Verkehr und die regelmäßigen Staus auf den Straßen gewöhnen. Es kommt noch dazu, dass Ihr

Lenkrad plötzlich auf der rechten Seite ist und Sie auf der linken Seite fahren müssen – es ist auf jeden Fall eine große Umstellung für den Anfang.

Danach wäre es wichtig, sich bei der Gesundheitsversorgung des Landes anzumelden, weil es in Großbritannien keine Krankenkassen gibt. Nach der Anmeldung hat man dann Anspruch auf die öffentliche Gesundheitsversorgung, muss aber bei aufwendigen OPs oder längeren Krankenhausaufenthalten aus eigener Tasche zahlen.

Wenn Sie in London arbeiten, ist es in einigen Firmen üblich, dass Ihr Gehalt Ihnen wöchentlich ausgezahlt wird. Außerdem dürfen Sie maximal 48 Stunden pro Woche arbeiten. Sonst sind die Arbeitsbedingungen ähnlich wie in Deutschland.

Das Leben in der Hauptstadt Englands kann auch oftmals hektisch und stressig werden. Das viele Getümmel, der übermäßige Verkehr und die Menschenmassen der Großstadt machen das Leben in London natürlich nicht gerade leicht. Mit der Zeit würden Sie sich aber dran gewöhnen.

Ein großer Vorteil dort sind aber auch die unglaublich vielen Möglichkeiten zum Ausgehen und genug verschiedene Events, die alle fast schon täglich stattfinden. Allein in London gibt es schon vier

Fußballclubs, die zurzeit in der Premier League spielen. Das Wembley Stadium mit seinen 90.000 Sitzplätzen bietet Ihnen volles Programm. Für Fußballfans ist die Stadt auf jeden Fall genau richtig. Doch natürlich gibt es auch genügend Musicals, Theater, Kinos, Shoppingcenters oder Museen für jeden Geschmack, oder, falls Sie Ihren Tag nach dem britischen Alltag leben wollen, können Sie sich ein interessantes Tennismatch in Wimbledon ansehen oder den berühmten Cricket Matches zusehen.

Die Stadt hat auch unglaublich viel Kreativität zu bieten. Egal, ob Fotografie, Kunst oder Musik, viele Stars haben sich hier von der Stadt inspirieren lassen und wurden vor allem durch sie kreativ. Auch Sie können dort an den kleinen Straßenecken ein wundervolles Foto schicken oder ein Gemälde der Themse malen. Die Londoner Parks sind zudem wunderschön und helfen Ihnen dabei, sich vom Alltagsstress zu lösen und Ihren Hobbys freien Lauf zu lassen. Auch viele Straßenkünstler zeigen hier ihr musisches und künstlerisches Talent, von dem Sie sich ja vielleicht etwas abschauen könnten.

Doch auch das Nachtleben in der Stadt ist einfach wunderschön: Die stylishen Bars und hell leuchtenden Musicals öffnen zu den Abendstunden und bieten

Ihnen auch das volle Programm. Besonders interessant und schön anzusehen sind vor allem die professionellen Londoner Bands, die gern auch mal in Restaurants oder Clubs auftreten.

Es kann auch mal passieren, dass Sie an der berühmten Mall entlang spazieren, die direkt zum Buckingham Palace führt. Vielleicht treffen Sie dort einige Berühmtheiten der Königsfamilie.

Außerdem sollten Sie sich abgewöhnen, bei jeder Gelegenheit Auto fahren zu müssen. Sie werden schnell merken, dass man bei Londons Verkehrsverhältnissen nur schwer mit dem Auto vorankommt und aus diesem Grund lieber die örtliche Metro nehmen sollte. Diese bringt Sie meistens schneller zu Ihrem Ziel und kostet Sie weniger Stress. (Obwohl es manchmal sein kann, dass die U-Bahn sehr voll ist und Sie dann doch wahrscheinlich etwas mehr Zeit einplanen sollen. Aber alles in allem ist die Metro trotzdem noch schneller als eine Autofahrt.) Noch dazu werden Sie nach einiger Zeit wahrscheinlich die meisten Metrolinien auswendig kennen.

Falls Sie zu Fuß auf vollen Straßen unterwegs sind, achten Sie unbedingt auf die Ampeln, wenn Sie über eine Straße gehen. Die Londoner gucken nämlich nur von links nach rechts, ob gerade Autos da sind, und gehen dann einfach über Rot. Auch über große, chaotische Straßen. Davon dürfen Sie sich auf keinen Fall mitreißen lassen, da die Londoner definitiv besser ihren Verkehr einschätzen können als Sie. Warten Sie unbedingt die paar Sekunden, anstatt sich in unnötige Gefahr zu begeben.

London hat aber auch sehr gut Märkte mit unterschiedlichen Souvenirs, Geschenken und leckerem Essen. In Deutschland gibt es nur selten so große Märkte mit so unterschiedlichen Variationen. In der Stadt können Sie unglaublich viele unterschiedliche englische (aber natürlich auch internationale) Gerichte probieren, Ihrer Familie oder Ihren Freunden ein interessantes Souvenir mitbringen oder sich selbst etwas Einzigartiges und natürlich typisch Englisches kaufen.

Falls Sie also ein Leben in London in Betracht ziehen, sollten Sie sich definitiv auf große Menschenmassen, viel Chaos und Hektik vorbereiten. Dafür hat die Stadt aber unglaublich viele Möglichkeiten zum Erkunden und ein außergewöhnlich breites Angebot an Kultur- und Musikprogrammen – ein sehr interessantes Leben.

Sehenswürdigkeiten der Stadt

London hat überdurchschnittlich viele und sehr unterschiedliche Sehenswürdigkeiten zu bieten. Sie ist die Stadt mit den meisten Sehenswürdigkeiten auf kleinster Fläche. Der Vorteil daran: Sie können zu Fuß oder mit kurzen Auto- oder U-Bahnfahrten alles bequem und schnell erreichen und sehen dabei die außergewöhnlichsten Dinge.

Die Stadt hat aber so viele Sehenswürdigkeiten, dass es unmöglich ist, wirklich alle anzusehen, geschweige denn, hier aufzuzählen. Deshalb kommen hier die fünf wichtigsten Sehenswürdigkeiten, die Sie auf jeden Fall gesehen haben müssen.

BIG BEN

Die bekannteste und natürlich wichtigste Sehenswürdigkeit ist der Big Ben. Der Uhrturm ist 96,3 Meter hoch und wurde im Jahr 1858 erbaut. Eigentlich heißt der Uhrturm „Elizabeth Tower" und lediglich die schwerste der fünf Glocken ist der Big Ben, doch mittlerweile hat sich der Name auch auf den Turm selbst übertragen. Er befindet sich am Palace of Westminster und wurde von Augustus Pugin entworfen. Genau genommen, wurde er von dem Architekten des Palace of Westminster, Charles Barry, dazu beauftragt, den Turm zu entwerfen.

Im Inneren des Turms befindet sich ein Gefängnis, welches für Mitglieder des Parlaments vorgesehen war. Als Letztes wurde hier Charles Bradlaugh inhaftiert, weil der Politiker sich weigerte, die religiöse Eidesformel zu leisten, doch mittlerweile ist das Gefängnis im Ruhestand. Im oberen Bereich des Turmes befinden sich die fünf Glocken, von denen die schwerste 13,5 Tonnen wiegt. Der Klang der Glocke wird unter anderem auch die „Stimme Britanniens" genannt. Die Glocke ertönt jedoch nicht nur zur vollen Stunde, sondern auch viertelstündlich kann man der Glocke beim Spielen des bekannten Stücks „Messias" von Georg Friedrich Händel zuhören. Nachts werden die vier Ziffernblätter des Turms beleuchtet und sind besonders zu Abendstunden ein wahrer Hingucker.

Touristen dürfen sich den Big Ben aber leider nicht von innen ansehen, da das Risiko eines Anschlages hier zu hoch ist. Doch auch von außen muss man dieses Gebäude auf jeden Fall gesehen haben.

TOWER OF LONDON

Der Tower of London nennt sich eigentlich „Her Majesty's Royal Palace and Fortress the Tower of London" und hat damit den längsten Namen einer Sehenswürdigkeit in dieser Liste. Der Tower ist eine alte Festungsanlage aus dem 11. Jahrhundert und dient als Waffenkammer, Residenz und als Gefängnis. Als Tourist können Sie das Gebäude betreten. Dort erwartet Sie dann eine Ausstellung mit historischen Exponaten (unter anderem auch die britischen Kronjuwelen) und Sie erfahren außerdem die Geschichte des Towers. Noch dazu wird in der Ausstellung nicht nur die Geschichte, sondern die gesamte Geschichte des britischen Königreichs uns seiner Monarchie erklärt.

Außerdem werden dort wichtige Szenen bestimmter Epochen von professionellen Schauspielern nachgespielt und auch noch bestimmte Themenführungen geboten. Durch die besondere Bauweise und die unglaubliche Größe der Festung ist diese Sehenswürdigkeit besonders attraktiv für viele Touristen.

LONDON EYE

Ebenfalls sehr nah an den anderen Sehenswürdigkeiten und definitiv nicht zu übersehen, ist das auf der ganzen Welt bekannte London Eye. Wie der Name schon sagt, kann man von dem Riesenrad aus über ganz London blicken. Eine Fahrt dauert eine halbe Stunde und kostet ungefähr 30 Euro. Am höchsten Punkt des London Eye können Sie über 40 km weit sehen. Das Riesenrad ist auch für behinderte Menschen geeignet und fährt nur 38383 km. So können Sie sich alles ganz in Ruhe ansehen. Besonders abends ist der Ausblick von oben unglaublich schön.

Auch nutzen viele Engländer das Riesenrad, um an Silvester das schöne Feuerwerk beobachten zu können. Falls Sie das auch gern machen wollen, müssen Sie jedoch im Voraus ein Ticket bestellen, da das Riesenrad vor allem an Feiertagen meistens ausverkauft ist.

BUCKINGHAM PALACE

Der Buckingham Palace ist „die Wohnung" der Queen und ein unglaublich schöner Palast mit vielen Pflanzen und Verzierungen drum herum. Er wurde 1703 von dem Architekten William Winde für einen Staatsmann und einen Herzog gebaut und war vorher eine Residenz. In den letzten Jahrhunderten wurde diese jedoch zu einem Palast umgebaut – mit vollem Erfolg. Das Gebäude ist ein absolutes Meisterwerk. Allein der Anblick des Palastes ist absolut einzigartig.

Er ist wirklich groß und wird außerdem auch für Staatsanlässe genutzt, das heißt, Sie könnten hier sehr wahrscheinlich bekannte politische Gesichter oder vielleicht sogar die Queen höchstpersönlich sehen. Das lockt natürlich viele Touristen und Fotografen zu dem Ort, was alles etwas exklusiver macht. Es bietet sich an, etwas früher zu kommen, um noch einen guten Platz zu bekommen, von dem Sie alles genau erkennen können. Von Ende Juli bis September kann man sogar die 19 State Rooms besichtigen, in denen sich die Queen aufhält. Außerdem schließt sich an den Palast ein riesiger Garten an. Das ist der größte private Garten in London. Aber mindestens genauso bekannt, wenn nicht sogar noch bekannter, sind die Queens Guards, die Soldaten mit den roten Uniformen und den Bärenfellmützen. Sie stehen vor dem Palast Wache. Einmal am Tag werden alle Soldaten einmal komplett ausgetauscht. Dabei begleitet sie eine Gardekapelle. Eine sehr interessante Zeremonie, die immer um 11 Uhr stattfindet.

TOWER BRIDGE

Die Tower Bridge ist eine riesige Brücke, die über den englischen Fluss Themse führt. Sie wurde 1894 eröffnet und wurde (genauso wie der Buckingham Palace) im neugotischen Stil erbaut. Die Brücke ist 244 Meter lang und liegt im Osten Londons. Die Türme der Brücke sind ungefähr 65 Meter hoch, was schon eine stattliche Höhe ist. Die Brücke an sich ist natürlich schon eine wahre Attraktion, aber viele Menschen warten vor allem auf das Aufklappen der Brücke, damit Schiffe unter der Brücke durchfahren können. Dies bietet viel Freiraum für einzigartige Bilder und liefert Ihnen natürlich auch einen einzigartigen Moment, so etwas sieht man schließlich nicht jeden Tag.

Außerdem interessant ist auch die Tower-Bridge-Ausstellung, die Sie für ungefähr 12 Euro besuchen können. In den Türmen der Brücke können Sie sich die

Geschichte der Brücke ansehen. Und es gibt dort sogar einen Fußgängerübergang mit Glasboden. Dabei haben Sie einen Blick genau auf die Themse unter sich. Auf der Brücke selbst gibt es natürlich auch einen Fußgängerweg, damit Sie sich die Brücke nicht von Weitem ansehen müssen.

Das waren erst mal die bekanntesten „Must-do"-Sehenswürdigkeiten, die Sie sich bei einem Ausflug nach London ansehen müssen. Alle liegen ungefähr an derselben Stelle und können leicht mit der Metro oder zu Fuß erreicht werden. Doch natürlich bietet die Stadt Ihnen noch viele weitere interessante Sehenswürdigkeiten, deren Besuch es auf jeden Fall wert ist. Madame Tussauds mit den besten Wachsfiguren, der wunderschöne Hyde Park für unvergessliche Momente, das Westminster Abbey oder das Britische Museum und noch viele mehr bieten Ihnen einen perfekten Ausflug in London und noch dazu zu einem sehr günstigen Preis.

Tipps und Tricks für Besucher

Natürlich gibt es bei einem Stadtbesuch auch immer viel zu beachten und auch sehr viele Tricks, um sich das Leben etwas zu erleichtern. Diese werden Ihnen in dem folgenden Kapitel gezeigt.

TIPPS FÜR BESUCHER DER STADT

Wenn Sie sich nicht gerade die bekanntesten Sehenswürdigkeiten anschauen wollen oder auch mal eine etwas andere Tour als die immer nur von Geschichte handelnden Führungen erleben wollen, ist dieses Kapitel genau richtig für Sie. Hier bekommen Sie Insidertipps von Personen, die schon lange in London wohnen und bereits jede Ecke der Stadt kennen.

Der Brick Lane Market

Dieser Markt ist etwas anders als die meisten. Er befindet sich in Shoreditch und entfernt sich von jeglichen Mustern. Er ist bunt, laut und unendlich. Auf diesem Markt finden Sie alles, was Ihr Herz begehrt. Er ist vor allem für Menschen, die die „Bangladeschi-Kultur" lieben, perfekt geeignet. Dort finden Sie übermäßig viel Kleidung, alte Bücher, Gitarren, Pfeifen und noch vieles mehr. Außerdem können Sie dort asiatisch essen gehen, die Restaurants dort sind einfach gehalten, das Essen schmeckt dafür hervorragend. Auch für Cafés gilt dasselbe. Der Markt ist immer samstags und sonntags geöffnet. Lassen Sie sich diese Chance nicht entgehen.

Shoreditch

Das Viertel im Nordosten Londons bietet Ihnen viel an. Nicht nur der Brick Lane Market ist beeindruckend. Dasselbe gilt auch für das Viertel in den Abend- und Nachtstunden. Lichter gehen an, die Menschen kommen raus und gehen in Cafés, Bars oder Restaurants. Das Auffälligste hierbei ist, dass besonders die Menschen sich in diesem Viertel normal anziehen und sich einfach entspannen. Um dort essen zu gehen, müssen Sie sich nicht 3 Stunden fertig machen oder strenge „Benimmregeln" einhalten. Hier ist alles lockerer und viel entspannter. Das Viertel ist noch dazu genau der perfekte Ort, um sich abends zu entspannen und in eine Bar oder ein Café zu gehen und dabei das wunderschöne Ambiente der vielen Lichter zu beobachten – und das alles ohne viel Getümmel oder Menschenmassen.

Neal's Yard

Der Neal's Yard ist ein sehr schöner großer Hof mit vielen Bänken und Restaurants. Dort kann man sich sehr gut entspannen und die Ruhe genießen. Der Hof besteht aus vielen bunten Häusern und Pflanzen. Er befindet sich in der Nähe des Convent Garden in Richtung Leicester Square und ist vor allem für einen Spaziergang oder ein Fotoshooting einfach perfekt. Dort gibt es verschiedene Läden und einfach genug zum Ansehen.

Royal Observatory in Greenwich

Das Royal Observatory ist ein großes Observatorium,

in dem sich der Nullmeridian, also der Halbkreis senkrecht zum Äquator, befindet. Dieser Punkt teilt also die östliche und westliche Lage. Wenn Sie also mit einem Fuß auf der linken und mit dem anderen auf der rechten Seite stehen, befinden Sie sich gleichzeitig auf der Osthalbkugel sowie auch auf Westhalbkugel.

Der Eintritt ins Planetarium kostet 15 Pfund, also ungefähr 17 Euro, und die Sternwarte ist nur ungefähr 10 Minuten vom Stadtzentrum entfernt und sehr schnell mit der Metro zu erreichen. Das Observatorium wurde am 22. Juni 1675 eröffnet und ist für königliche Hofastronomen gebaut worden. Es ist das zweitälteste Observatorium in Europa. Es ist relativ orange gehalten und bietet einen sehr schönen Anblick.

Wenn Sie in das Gebäude reingehen, erwartet Sie ein großes, sehr interessant gestaltetes Museum für Astronomie- und Navigationswerkzeuge. Es ist auf jeden Fall einen Besuch wert. Natürlich auch, weil Greenwich sogar schon in das Weltkulturerbe der UNESCO aufgenommen wurde. Dies liegt vor allem auch daran, dass der Ort sehr viele historische und noch gut erhaltene Gebäude zu bieten hat, die noch dazu von architektonischem Interesse sind.

Hampstead Heath

Das ist ein kleiner, ruhiger Stadtwald, der eine halbe Stunde von der Stadtmitte entfernt ist. Dort gibt es fast gar keine Touristen und der Wald ist unglaublich groß. Er hat sogar einige kleine Seen und ist der Inbegriff von Londons „Natur". Hier gehen besonders die älteren Menschen hin, da dies einer der wenigen Orte der Großstadt ist, wo auch wirklich nichts von Hektik oder Stress zu spüren ist. Falls Sie zwischen den vielen Menschenmassen und der ganzen Schnelllebigkeit der Stadt also auch mal etwas Ruhe genießen wollen, ist das genau der perfekte Ort für Sie.

Sie sollten aber trotzdem eine Karte oder ein Handy für die Orientierung mitnehmen, da der Park so groß ist und so viel Natur enthält, dass man dort schnell mal den Weg zurück vergessen kann.

Besonders im Sommer ist der Ort perfekt für ein Picknick, da es dort natürlich auch unglaublich große Wiesen zum Hinlegen und Entspannen gibt. Auch in einigen Teichen kann man dort schwimmen. Sie sollten also auf jeden Fall Badesachen mitnehmen. Ein paar Minuten vom Park entfernt gibt es sogar einen Biergarten, in dem Sie sich erfrischende Getränke oder ein kühles Bier kaufen können. Der Biergarten heißt „The Freemasons Arms" und bietet auch Cocktails an.

Ein perfekter Tagesausflug.

Richmond

Dieser Ort ist vor allem in den letzten Jahren sehr beliebt bei den Deutschen geworden. Das ist eine Art kleines deutsches Viertel, in dem aber natürlich auch Engländer leben. Der kleine Stadtteil erinnert etwas an ein kleines Venedig, da auch hier die Häuser nah am Wasser gebaut wurden und somit einen unglaublichen Ausblick liefern.

Dort gibt es kleine Shoppingcenter und Märkte, in denen man entspannt shoppen kann, da sich dort auch nicht gerade viele Menschen aufhalten. Dort kann man auch sehr gut picknicken oder eine kleine Bootstour machen. Die Menschen in diesem Viertel sind bekannt dafür, sehr nett und immer gut gelaunt zu sein. Hier erleben Sie also einen wunderschönen Ort mit friedlicher Atmosphäre.

TRICKS

Im folgenden Kapitel bekommen Sie einige sehr gute Tricks, mit denen Sie London aus einem ganz anderen Augenwinkel betrachten werden und wahrscheinlich sogar viel Geld sparen werden. Hier sind die besten

Tricks, die Sie bei einem London-Aufenthalt nutzen können.

London Eye

Zum einen besuchen die meisten Touristen das London Eye, da man hier die perfekte Möglichkeit hat, die Stadt komplett zu überblicken, doch meistens sind vor dem Riesenrad sehr oft lange Schlangen. Aus diesem Grund sollten Sie sich am besten genau 24 Stunden vorher ein Ticket im Internet bestellen. Das ist meistens sogar günstiger und Sie sparen sehr viel Zeit dabei. Auch für VIP-Tickets gibt es besonders im Internet sehr oft gute Angebote, um viel Geld zu sparen.

Wenn Sie aber doch anstehen müssen, können Sie zum „VIP-Eingang" gehen, der zwar etwas mehr kostet, aber Sie schneller zum Riesenrad bringt. So müssen Sie nur kurz anstehen und können noch dazu das Gefühl genießen, an allen wartenden Menschen und der langen Schlange einfach vorbeigehen zu können.

Ein weiteres Angebot, welches im Ticket inbegriffen ist, ist der 4-D-Film, den man sich vor oder nach dem Einstieg ins Riesenrad ansehen kann. Viele Menschen wissen das nicht und denken, dass man für den Film extra zahlen muss, meistens ist er aber im Preis enthalten. Im Film können Sie eine Simulation von einem Flug über London angucken. Durch die beweglichen Sitze wirkt der Flug komplett echt und Sie bekommen einen wahren Adrenalinrausch. Es lohnt sich auf jeden Fall, den Film anzusehen.

Nachts rausgehen

London ist nachts eine wahre Schönheit. Die Gebäude und Sehenswürdigkeiten werden in den späten Abendstunden beleuchtet und sind einfach wunderschön. Auch Bars und Cafés öffnen zu der Zeit und bieten Ihnen genug leckere Cocktails für einen entspannten Abend an. Natürlich haben Sie dann auch genug Möglichkeiten für ein perfektes Foto oder einen kleinen Spaziergang.

Bei alkoholischen Getränken müssen Sie jedoch aufpassen. Die Engländer hatten bis 2005 eine Sperrstunde für Alkohol, das heißt, nach 23 Uhr durfte kein Alkohol mehr ausgeschenkt werden. Die Regel wurde inzwischen abgeschafft. Trotzdem halten sich noch viele Restaurants und Bars daran. Es könnte also sein, dass man einigen den Alkoholkonsum schon anmerkt, wenn Sie um 10 Uhr in die Bar gehen, weil da der Abend wahrscheinlich schon in vollem Gange ist und sich schon um 11 Uhr langsam dem Ende neigt.

Auf U-Bahn verzichten

Ab und zu können Sie mal auf die U-Bahn verzichten, da besonders bei großen U-Bahnen die Tunnelwege extrem lang sind. Wenn Sie also zum nächsten Bahnsteig wollen, kann es sein, dass Sie nicht drumherum kommen, ein langsames Fließband benutzen zu müssen. Das dauert meistens länger, als den Weg einfach überirdisch zu Fuß zu gehen. So sparen Sie auf jeden Fall Zeit.

Geld sparen bei öffentlichen Verkehrsmitteln

Genauso wie beim London Eye können Sie hier ebenfalls viel Geld sparen, indem Sie Ihr Ticket für öffentliche Verkehrsmittel im Internet kaufen. Dabei gibt es die sogenannte Oyster Card, die bei regelmäßigem Fahren viele günstiger und bequemer ist, als sich jedes Mal neue Einzeltickets zu kaufen. Dabei müssen Sie vor und nach jeder Fahrt das Ticket an ein Kartenlesegerät halten. Hierbei ist der Preis am Ende sogar günstiger als bei einem Einzelticket. Ab einer bestimmten Anzahl an Fahrten sind sie sogar kostenlos. Die Karte können Sie aber auch an vielen Londoner Flughäfen bekommen, wenn Sie nach ihr fragen.

Imbiss oder Restaurants

Als Tourist möchte man natürlich auch mal die

bekannten englischen Gerichte, wie zum Beispiel Fish and Chips, probieren. Viele gehen dabei ins Restaurant, weil sie hoffen, dort bessere Qualität und ein geschmacklich gutes Gericht zu bekommen. Doch oft ist es so, dass besonders traditionelle englische Gerichte vor allem in Imbissbuden oder auf Märkten viel günstiger und auch um einiges leckerer schmecken.

Gehen Sie also lieber in eine Imbissbude, wenn Sie typisch englische Gerichte probieren wollen. Diese sind günstiger und schmecken noch dazu besser.

Wann ist die Queen im Buckingham Palace?

Was viele nicht wissen, ist, dass die Union-Jacke Flagge auf dem Palast anzeigt, ob die Queen zurzeit anwesend ist oder nicht. Viele denken, dass die Flagge symbolisiert, sie sei zu Hause. Doch genau, wenn Sie diese Flagge sehen, ist die Queen nicht anwesend. Wenn aber die „Royal-Standard-Flagge" zu sehen ist, ist die Queen im Palast.

Englands Steckdosen

Wenn Sie eine Reise nach England planen, müssen Sie auf jeden Fall einen Stromadapter mitnehmen. Die Steckdosen dort sind nämlich anders als in Deutschland und es werden Steckdosen mit drei Öffnungen verwendet, die mit unseren Stromsteckern nicht kompatibel sind. Nun wissen Sie schon einiges, was Sie in der Stadt beachten müssen. Obwohl London so nah an uns liegt, gibt es wohl doch einige Unterschiede. Dennoch sind das nur Kleinigkeiten und die Vorteile der Stadt überwiegen hier deutlich.

Die interessantesten Hotels

Natürlich brauchen Sie auf Ihrer London-Reise auch eine angenehme Unterkunft, um sich nach einem schweren Tag ausruhen zu können. Doch unter den Hotels in London gibt es natürlich eine unglaublich große Auswahl. Außerdem sind viele von ihnen überteuert oder qualitativ nicht gerade gut. Aus diesem Grund sind hier die drei besten Hotels in London, die eines der besten Preisleistungsverhältnisse zu bieten haben. In dem nächsten Kapitel werden Sie die wichtigsten Informationen über die verschiedenen Möglichkeiten von normalen Hotels bis hin zu Luxussuiten erfahren.

THE BEAUMONT

Dieses Hotel ist nur ein paar Minuten vom Hyde Park entfernt und liegt im eleganten Stadtteil „Mayfair". Es bietet so viele Möglichkeiten, dass man auch einen ganzen Tag im Hotel verbringen könnte, da es über einen Spa-Bereich, eine Sauna, ein Hamam und ein Fitnesscenter verfügt. Außerdem gibt es dort eine private Bar mit Lounge und ein Dampfbad, welches nur von Hotelgästen benutzt werden darf.

Das Besondere an dem Hotel ist, dass es eine einzigartige Skulptur von dem berühmten Bildhauer Sir Antony Gormley enthält. Die Skulptur ist drei Etagen hoch und ein echtes Meisterwerk.

Das Hotel liegt in einer ruhigen Lage, bietet aber trotzdem noch einen sehr guten Blick auf den Hyde Park. Es ist nicht weit entfernt von diversen Einkaufsmöglichkeiten und weitere Theater oder Museen kann man in locker in 10 Minuten mit der Metro erreichen. Das Hotel bietet Zimmer verschiedener Preisklassen, sodass Sie sich das perfekte für Sie aussuchen können.

Es gibt Standardzimmer mit großen Kingsize-Betten oder sogar auch große stylishe Suiten, die mit Wein und eleganten Kunstwerken ausgestattet sind. Im Hotel können Sie auch schon diverse Tickets für Ihren nächsten Ausflug kaufen. Insgesamt ist es sehr stilvoll und edel gehalten und bietet Ihnen ein einzigartiges Design sowie hilfreiches und freundliches Personal. Eine Nacht für 2 Erwachsene kostet etwa 450 Euro, was für ein 5-Sterne-Hotel aber ein guter Preis ist. Es lohnt sich definitiv. Hier bekommt man unglaublichen Luxus für einen angemessenen Preis.

VINTRY & MERCER

Das nächste Hotel in der Liste ist mit 185 Euro pro Nacht etwas günstiger, hat aber dennoch ein gutes Preisleistungsverhältnis. Das Hotel liegt nur 2 km vom Big Ben entfernt und liegt somit auch an anderen Sehenswürdigkeiten sehr nah dran. Es ist ebenfalls sehr luxuriös und enthält sogar eine Minibar und ein Fitnessstudio. Die Zimmer sind groß und luxuriös gestaltet. Es wird Ihnen auch ein Taxiservice angeboten und eine kostenlose Stornierung ist natürlich auch möglich. Das Hotel hat ein hauseigenes Restaurant, welches auf britische und asiatische Küche spezialisiert ist und zudem noch einen wunderschönen Ausblick. Auch hier kann der Service Ihnen die wichtigsten Infos zu Ihrem anstehen Ausflug geben und verkauft für einige Events ebenfalls Karten. Das Hotel hat insgesamt 92 Zimmer und einige von Ihnen enthalten auch einen Balkon. Bei Ihrer Ankunft bekommen Sie ein Glas Champagner geschenkt und enthalten außerdem noch ein Willkommensgeschenk auf Ihrem Zimmer. Das Personal ist zudem sehr freundlich und hilfsbereit. Das gesamte Hotel bietet eine sehr entspannende Atmosphäre, ist aber gleichzeitig auch sehr lebhaft und exklusiv. Ein perfektes Hotel, welches nicht zu teuer, aber trotzdem luxuriös und lebhaft ist.

THE TOWER HOTEL

Dieses Hotel ist eine besonders gute Wahl für alle Reisenden, die die Stadt näher kennenlernen wollen. Es liegt sehr mittig und ist nur 3 km vom London Eye entfernt. So kann man auch gleichzeitig einen kurzen Spaziergang zu den wichtigsten Sehenswürdigkeiten machen und danach wieder ins Hotel zurückgehen. Das Tower Hotel sowie auch dessen Umfeld sind sehr familienfreundlich. Alle Zimmer enthalten einen Flachbildfernseher, eine Klimaanlage und natürlich kostenloses WLAN. Das Hotel hat ein eigenes Fitness-studio, eine Autovermietung und Konferenzräume, falls Sie geschäftlich unterwegs sind. Abends können Sie sich dann an der Minibar entspannen oder den angenehm warmen Jacuzzi genießen. Außerdem gibt es dort eine öffentliche Terrasse und einen schönen Garten, in dem man sich ebenfalls sehr gut entspannen kann.

Das Hotel wurde 2010 renoviert und ist dementsprechend sehr modern und stilvoll gestaltet worden. Die Zimmer verfügen über Kingsize-Betten und Teppichböden. Auch die Küche ist traditionell englisch gehalten, sodass Sie ein typisches englisches Frühstück genießen können. Noch dazu hat das Hotel eine Sandwichbar, die Bier, Kaffee, Wein und natürlich Sandwiches serviert. Ein perfektes Hotel für Sie und Ihre Familie und noch dazu nicht weit entfernt von den interessantesten Sehenswürdigkeiten.

Insgesamt bietet London unglaublich viele Hotels an, die in unterschiedlichen Preisklassen zu finden sind. Egal, ob Standardzimmer oder Luxussuiten – die Stadt hat von allem genug. Obwohl natürlich nicht jedes Hotel dem eigenen Geschmack entspricht, achten die Londoner trotzdem in den meisten Fällen auf ein ansprechendes Ambiente und auf das Wohlbefinden des Gastes. Vielleicht fällt Ihnen ja jetzt die Entscheidung für das passende Hotel etwas leichter.

Die interessantesten Restaurants

Wenn Sie ein passendes Hotel gefunden haben, möchten Sie wahrscheinlich auch gern mal schick und lecker Essen gehen. Bei so vielen Restaurants und der großen Auswahl verliert man aber manchmal den Überblick und weiß nicht so recht, welches Restaurant man denn auswählen soll. Aus diesem Grund sind hier die drei interessantesten und besten Restaurants Londons.

THE RAJDOOT

Das Restaurants Rajdoot ist 20 Fahrminuten von der Stadtmitte Londons entfernt und ist auf indische und asiatische Speisen spezialisiert. Dort werden vor allem leckere Grillspeisen, aber auch vegetarische und vegane Speisen serviert. Die Preisspanne des Restaurants liegt bei 11–50 Euro, ist also somit noch in einem durchschnittlichen Rahmen.

Das Ambiente ist sehr gemütlich gestaltet und ist mit weißen Tischen sowie mit weißen Stühlen ausgestattet. Das Personal ist dort für die Freundlichkeit und Hilfsbereitschaft und auch für Offenheit bei Extrawünschen bekannt. Es ist von 12 Uhr bis Mitternacht geöffnet und bietet Ihnen vor allem würzige und scharfe Gerichte. Typische indische Küche halt. Es hat zu 96 Prozent nur gute Bewertungen und ist zudem vom Preisleistungsverhältnis eines der besten Restaurants, in das Sie gehen können.

DINNER BY HESTON BLUMENTHAL

Dieses Restaurant befindet sich wieder in der etwas höheren Preisklasse und ist nur 700 Meter vom Hyde Park entfernt. Es zählt zu den berühmtesten Restaurants der Welt und gehört Heston Blumenthal, einem britischen Gastronomen. Unter anderem gehört ihm auch das Restaurant „The Fat Duck" in Berkshire, welches mit 3 Michelin-Sternen ausgezeichnet wurde. (Das „Dinner by Heston Blumenthal" hat 2 Michelin-Sterne).

Dort werden hauptsächlich traditionelle britische Gerichte serviert und das Interieur des Restaurants ist ebenfalls sehr traditionell, aber dennoch auch sehr stilvoll und luxuriös gestaltet. Innovativ beschreibt es wohl am besten. Durch Glasfenster können Sie hier die komplette Küche und die Kochvorgänge miterleben (und sich einen leckeren rotierenden Bratspieß über offenem Feuer ansehen). Wenn Sie dann nach draußen schauen, sehen Sie den wunderschönen Hyde Park. Serviert werden hier die feinsten Fleisch- und Fischgerichte, die durch Beilagen wie Kartoffeln, Meeresfrüchte oder Salate ergänzt werden. (Noch dazu können Sie sich exklusiven Luxuswein bestellen).

Außerdem bietet das Restaurant einen eigenen „Dining Room", indem genau 12 Gäste privat und abgeschottet von anderen Gästen in einem speziellen Luxuszimmer bedient werden. Natürlich hat das alles seinen Preis, sodass die Speisen mit 50 Euro beginnen und steigend sind. Jedoch lohnt sich der Preis auf jeden Fall, da das Restaurant makellose und unglaublich leckere Speisen serviert.

TRADER VIC'S RESTAURANT

Das Trader Vic's Restaurant liegt im Stadtteil Mayfair und hat sich auf asiatische, polynesische und hawaiianische Gerichte spezialisiert, es können aber auch vegetarische und vegane Speisen serviert werden. Die Preisspanne liegt zwischen 15 und 60 Euro. Das Restaurant hat ein sehr exotisches Ambiente und ist im „Tiki-Style" dekoriert. Auffällig sind dort einige Schnitzereien und Muscheln, die eine liebevolle Stimmung aufbringen.

Das Menü ist sehr weitreichend und enthält Gerichte wie die „BBQ Spareribs" oder „Crispy Vegetable Spring Rolls" und decken so gut wie jeden Geschmack ab. Es ist von 17 Uhr bis 1 Uhr geöffnet und ist außerdem für freundlichen und hilfsbereiten Service

bekannt. Es hat 4 Sterne und ist im Preisleistungsverhältnis durchaus zufriedenstellend. Ein gutes Restaurant mit schöner Umgebung.

London hat alles in allem unglaublich viele Restaurants im Angebot, sodass es echt schwerfällt, ein
richtiges und halbwegs bezahlbares zu finden. Manchmal hat man natürlich auch Lust, etwas luxuriöser Essen zu gehen, wobei man sich dann nicht sicher ist,
welches Restaurant das Geld wert ist. Jedoch sind diese
drei eine sehr gute Wahl und werden Sie nicht enttäuschen.

Tipps für eine angenehme Anreise

Damit Sie an dem Tag Ihrer Reise nach London nicht direkt gestresst oder schlecht gelaunt sind und von Komplikationen überflutet werden, sind hier einige nützliche Tipps für Ihre Anreise. So können Sie einen entspannten Aufenthalt genießen und gleichzeitig auch Geld sparen.

FLUGHAFEN

Wenn Sie nach London fliegen, haben Sie sechs verschiedene Flughäfen zur Auswahl: Heathrow, Gatwick, City, Stansted, Luton und Southend.

Nach London zu fliegen, ist auf jeden Fall schon mal die schnellste und bequemste Variante und kann manchmal sogar günstiger sein, als zu fahren. Die Kosten liegen zwischen 350 und 500 Euro. Wenn Sie einen Flug buchen, müssen Sie auf jeden Fall darauf achten, mit welchem Flugzeug Sie fliegen, da die verschiedenen Airlines auch verschiedene Flughäfen anfliegen, sonst müssen Sie nach Ihrer Ankunft noch eine lange und teure Taxifahrt auf sich nehmen. Die Airlines EasyJet und Low Cost fliegen zum Beispiel die Flughäfen Gatwick und Luton an, während Eurowings und Lufthansa Heathrow anfliegen.

Jeder der Flughäfen ist ungefähr eine Stunde vom Londoner Zentrum entfernt. Am schnellsten ist es, dort mit dem Zug hinzufahren, was jedoch etwas teurer als das Busfahren ist. Wenn Sie also etwas mehr Zeit haben, sparen Sie mehr Geld mit dem Bus. (Insider-Tipp: Falls Sie vorhaben, bei Ihrem Aufenthalt oft die U-Bahn zu nutzen, können Sie auch direkt bei Ihrer Ankunft die Oyster Card kaufen und Sie auch sofort zur ersten

Fahrt in Ihr Hotel verwenden. So sparen Sie am meisten Geld, da Sie während des gesamten Aufenthalts nur die U-Bahn benutzen.)

AUTO

Die Fahrt mit dem Auto dauert in etwa 8 Stunden und ist 674 km lang. Da zwischen Deutschland und Großbritannien die Nordsee liegt, müssen Sie eine Übersetzung per Fähre nutzen. Diese dauert ungefähr 2 Stunden. Sonst kommt man relativ leicht in das Land. Sie müssen nur beachten, dass beim Passieren der englischen Grenze eventuell eine kleine Gebühr anfallen könnte. (Wichtige Dokumente, die Sie bei sich haben sollten: Ihren Personalausweis, Führerschein, einen gültigen Versicherungsschutz für das Ausland, Zulassungspapiere für das Auto und Ihre Krankenversicherungskarte). Außerdem müssen Sie mit Maut- und Straßengebühren rechnen.

Wenn Sie dann in Großbritannien sind, müssen Sie sich zuerst auf den Linksverkehr konzentrieren. Die Engländer fahren nicht aggressiv und nehmen aufeinander Rücksicht. Dies sollten Sie ebenfalls tun, um Unfälle zu vermeiden. Es gelten genauso wie in Deutschland Handyverbot und Alkoholverbot beim

Fahren. Die Engländer geben die Geschwindigkeit in Meilen an. Eine Meile sind 1,6 km. Achten Sie auf jeden Fall auf die Geschwindigkeitsbegrenzungen, da in England häufig kontrolliert wird. Auch mit Parkplätzen in London ist es sehr problematisch. Sie sind überfüllt und oft muss man eine halbe Stunde oder mehr aufwenden, um einen einzigen Parkplatz finden zu können. Aus diesem Grund sollten Sie sich eine spezielle Parkplatzapp installieren. Sie nennt sich „AppyParking" und zeigt Ihnen an, wo noch freie Plätze sind.

MIT DEM BUS NACH LONDON

Viele Touristen wollen wegen des stressigen Verkehrs und der neuen Straßenordnung nur ungern mit dem Auto nach London. Aus diesem Grund wird das Busfahren immer beliebter. Es ist bequem, sehr günstig und dauert ungefähr 20 Stunden. Die Busse fahren meistens den Busbahnhof „Victoria Coach Station" an, der sich in Westminster befindet. Von da aus können Sie dann mit der U-Bahn oder einem anderen Bus zu Ihrem Hotel fahren. Eine Fahrt nach London kostet oftmals nur 80–100 Euro, was den Bus zur günstigsten Reisevariante macht. Außerdem ersparen Sie sich das aufwendige Ein- und Auschecken und die Gepäckkontrollen an den Flughäfen. Es gibt also genug bequeme und komfortable Möglichkeiten, um nach London zu kommen, von denen das Busfahren jedoch am günstigsten ist. Wählen Sie nun die beste Variante für Sie, am bequemsten nach London zu kommen.

Tagesausflug

Ein Tagesausflug nach London unterscheidet sich natürlich etwas von einem in Deutschland. Es gibt einige Kleinigkeiten, die viele Touristen oftmals nicht kennen, die aber vorteilhaft sein können. Hier kriegen Sie die besten Tipps für einen entspannten und gleichzeitig günstigen Städtetrip.

Falls Sie die Chance nutzen möchten, sich in England ein Fußballspiel von Arsenal London oder dem FC Chelsea anzusehen, müssen Sie unbedingt schon mindestens drei Monate vor Ihrer Reise ein Ticket kaufen. Dasselbe gilt auch für luxuriöse Restaurants.

Für die Sehenswürdigkeiten, die Eintritt kosten, gibt es einen sogenannten „London Pass". Wenn Sie vorhaben, viele Sehenswürdigkeiten zu besichtigen, lohnt es sich auf jeden Fall für Sie, so einen Pass zu haben. Er bietet viele Vergünstigungen und gewährt an manchen Attraktionen sogar einen Zugang ohne Warteschlange. Auch hier ist es günstiger, den Pass vor der Reise zu kaufen.

In den Sommerzeiten sind meistens sehr viele Touristen in London, was einen echt nerven kann, da die Warteschlangen und die Preise steigen. Aus diesem Grund wäre der April als Reisezeit eine gute Alternative. In dieser Zeit ist es etwa 15 bis 18 Grad und gerade passendes Wetter, um einen entspannten Spaziergang zu machen. Natürlich ist Großbritannien aber auch für den schnellen Wechsel des Wetters bekannt. Jedoch gibt es genug Möglichkeiten, auch bei Regenwetter interessante Dinge zu erkunden.

In Madame Tussauds können Sie sich zum Beispiel hunderte Wachsfiguren von Stars ansehen und auf den Food-Märkten in London zwischendurch etwas Leckeres essen.

Was Sie aber nur in London zu sehen bekommen, sind die Warner Bros. Studios. Das ist eine riesige Halle, die enorm viele Filmkulissen und Requisiten von den Harry-Potter-Filmen ausgestellt haben. Dort fühlen Sie sich auf jeden Fall wie im Film und können sich die Räumlichkeiten aus den Filmen live ansehen. Der Eintritt kostet ungefähr 50 Euro – auf jeden Fall einen Besuch wert.

Sie sollten außerdem auf jeden Fall mindestens vier bis fünf Tage für die Reise einplanen, da Sie sonst viel zu wenig sehen werden. Am besten ist ungefähr eine Woche für eine London-Reise. Außerdem werden Sie Ihr Geld in Pfund wechseln müssen, da Sie sonst vor Ort nicht bezahlen werden können. Mit der Kreditkarte von Santander können Sie Ihr Geld jedoch ohne Probleme und vor allem ohne Gebühren wechseln.

Auch wichtig ist, dass Sie Ihr Kreditkartenlimit prüfen, damit Sie auch im Ausland genug Geld abheben können, ohne von einer Sperre behindert zu werden. Nehmen Sie für Ihre Anreise etwa 200 Euro Bargeld mit. Sie werden wahrscheinlich nicht alles benötigten, aber manchmal kann es doch sein, dass einige Gebühren in England aufkommen werden oder man für einen Parkplatz zahlen muss.

Wenn Sie den ersten Tag in London sind, kann es sein, dass Sie sich etwas orientierungslos fühlen werden. Aus diesem Grund können Sie direkt eine „Hop-On-Hop-Off"-Bus-Tour machen. Bei der Fahrt werden Ihnen dann die wichtigsten Stationen in London gezeigt. (Es gibt auch Foot-Tours, bei denen Sie zu Fuß durch London geführt werden können). Falls Sie mit Ihrer Familie nach London fahren und die Oyster Card besitzen, können Kinder unter 11 Jahren kostenlos die U-Bahn oder Busse benutzen. Zurzeit brauchen Sie noch keinen extra Mobilfunkvertrag. Nach dem Brexit könnte es dann dazu gewisse Änderungen geben.

Es gibt auch noch sehr gute Apps, die Ihnen Sehenswürdigkeiten, Restaurants oder Hotels in Ihrer Nähe anzeigen, damit Sie alles schnell und einfach erreichen können.

Falls es mal wieder regnet, haben Sie also genug Möglichkeiten, immer noch etwas zu machen: Das Harry-Potter-Studio, Madame Tussauds, Londons Food-Märkte, Museen und Musicals bieten Ihnen hier die volle Freiheit.

Wie Sie in London Geld sparen

Für einen Ausflug nach London braucht man nicht immer viel Geld. Es bieten sich genug Möglichkeiten, die man sogar kostenlos nutzen kann oder auch nur für kleines Geld. Hier sind einige Tipps, wie Sie in London Geld sparen können.

Falls Sie vorhaben, sich mit der U-Bahn oder dem Bus fortzubewegen, ist es als Erstes ein massiver Vorteil, die Oyster Card zu kaufen, da sie bei vielen Fahrten viel Geld und Stress sparen kann. Noch dazu können Sie mit der Karte auch Busse in Anspruch nehmen. Gleichzeitig fahren Sie dann auf einer Buslinie, die sehr viele Sehenswürdigkeiten zusammen passiert. Die Buslinie 4-11 zum Beispiel erwischt die wichtigsten Highlights der Stadt, sodass Sie eine Art „günstige Busrundfahrt" genießen können.

Was ebenfalls ein sehr interessanter Städtetrip sein kann, ist der Besuch eines Museums. Viele Menschen langweilen sich schnell in Museen und haben kein Interesse an Kunst, Geschichte oder Ähnlichem, doch die Londoner Museen sind einzigartig und verfügen über ganz besondere, auf der ganzen Welt bekannte Ausstellungstücke, die sicher das Interesse des einen oder anderen wecken werden. Die Erzählungen und Darstellungen der Londoner Museen sind nämlich so fesselnd gestaltet, dass sie auch nicht interessierte Menschen überzeugen können. Und das Beste daran ist: Die meisten Museen sind komplett kostenlos. So können Sie einen ganzen Tag in einem riesigen Museum mit den interessantesten Ausstellungsstücken verbringen und müssen keine Cent dafür ausgeben. Am Ende des Tages können Sie dann mit dem gesparten Geld in ein gutes Restaurant gehen. Das ist auf jeden Fall ein Vorteil von London.

Genauso wie die Museen sind auch viele Sehenswürdigkeiten kostenlos. Der Big Ben, die Tower Bridge, die St. Pauls Kathedrale und Westminster

Abbey sind einige davon. Somit können Sie sich bei einem entspannten Spaziergang viele davon gleichzeitig ansehen.

Auch viele Musicals in London sind kostenlos oder kosten nur sehr wenig. Dafür müssen Sie sich dann im Internet die Angebote des Tages ansehen und können so ebenfalls Geld sparen.

Falls Sie noch weitere Sehenswürdigkeiten sehen wollen, von denen Sie noch nichts gehört haben, können Sie auch an einer kostenlosen Stadtführung teilnehmen. Diese nennen sich „Free Walking Touren" und dauern ungefähr 2,5 Stunden. Dort bekommen Sie gleichzeitig auch Hintergrundinformationen über die Sehenswürdigkeiten.

Insgesamt hat London unglaublich viele und noch dazu günstige oder kostenlose Beschäftigungen zu bieten, die so unterschiedlich sein können, dass sie das Interesse von jedem packen. Man muss nicht unbedingt viel Geld ausgeben, um in London etwas unternehmen zu können, da man mit passenden Tipps auch so gut in der Stadt zurechtkommt.

Schlusssatz

London ist eine unglaubliche Stadt mit so vielen Sehenswürdigkeiten, Museen und Attraktionen, dass eine Reise gar nicht ausreicht, um alles zu sehen. Noch dazu sind viele von Ihnen sehr günstig und absolut verschieden, sodass sie den Geschmack von jedem treffen können und höchstwahrscheinlich auch mal Ihr Interesse packen werden. Aber die Stadt kann natürlich auch mit ihrer Schönheit und Klassik punkten. Der Hyde Park oder der Greenwich Park sind zum Beispiel Orte, die unvergesslich und einfach wunderschön sind. Das traditionelle und klassische Aussehen der Stadt zieht jedes Jahr tausende Besucher nach London. Die Tower Bridge, der Big Ben …

alles weltbekannte Dinge, die man gesehen haben muss. Und noch dazu müssen Sie keine lange Reise auf sich nehmen, da alles nah beieinander liegt. Bequemer geht's nicht. Genauso wie die Royal Family, die man so nur in Großbritannien erleben kann. Fast keine Stadt ist so einzigartig und vielfältig wie London. Sie bietet eine übergroße Hotelauswahl und unzählige Restaurants an, die man einfach besucht haben muss.

Noch dazu können Sie sich hier die größten Events der Welt ansehen. Aber auch kulturell hat die Stadt so viel zu bieten, dass man in einigen Momenten sogar überfordert von der Auswahl ist. Die Theater, Galerien und Musicals geben auch London einen besonderen Charakter. Alles in allem ist London eine nahezu perfekte und wunderschöne Stadt, die eine Reise definitiv wert ist und Sie nicht enttäuschen wird.

Viel Spaß bei Ihrem Aufenthalt!

Herstellung und Verlag:
BoD – Books on Demand, Norderstedt
ISBN: 9783839121689

© Charline Klee 2022
1. Auflage
Kontakt: Psiana eCom UG/ Berumer Str. 44/ 26844 Jemgum
Covergestaltung: Fenna Larsson
Coverfoto: depositphotos.com